LA NAVIGATION INTÉRIEURE

ET

La Concurrence Étrangère

(L'amendement Versigny)

Par F. BERTAULD

—

Imprimerie Hourdequin-Deschaux, a Montdidier

—

1888

LA NAVIGATION INTÉRIEURE

ET

La Concurrence Étrangère

(L'amendement Versigny)

———— ⊦✻⊣ ————

IMPRIMERIE HOURDEQUIN-DESCHAUX, A MONTDIDIER

1888

LA NAVIGATION INTÉRIEURE

ET

La Concurrence Etrangère

(L'AMENDEMENT VERSIGNY)

Le 21 février dernier, MM. Versigny, Livray, Marquiset et Mesureur, députés, présentèrent un amendement ainsi conçu au projet de budget des recettes pour 1888 :

A partir du 1ᵉʳ juillet 1888, il sera perçu, à titre de droit de navigation ou de péage, sur tous les canaux, fleuves et rivières navigables, un droit de deux millièmes et demi (0,0025) par tonne kilométrique transportée, quelles que soient la nature et la valeur des marchandises.

Le ministre des travaux, c'était l'honorable M. Loubet, déclara que si la Chambre était d'avis de rétablir les droits de navigation sur les canaux et les rivières, le gouvernement n'y ferait aucune opposition.

Comme il n'y a pas eu, à proprement parler de discussion du budget des recettes, puisque la Chambre a purement et simplement adopté les dispositions du budget des recettes de 1887, pour servir de base aux recettes de 1888, l'amendement Versigny n'a pas encore occupé la Chambre, mais il est presque certain qu'il sera discuté à propos du budget de 1889, qui, nous l'espérons, ne subira pas les vicissitudes qui ont si longtemps arrêté l'étude du budget de l'année courante. Ce pauvre budget pour 1888 ! Il a été le prétexte de plusieurs crises ministérielles, sa discussion s'est poursuivie à travers les péripéties les plus diverses, et, le jour même ou l'on en finissait avec lui, le dernier ministère qui l'avait remanié était renversé. Il aura tué sous lui trois ministères et un président de la République.

Mais, revenons à l'amendement Versigny :

La question qu'il soulève est des plus importantes, et demande une prompte solution : Le régime de gratuité absolue de la circulation sur les voies navigables, canaux, fleuves et rivières a porté à nos finances un grave préjudice, en même temps que cette gratuité, établie par la loi du 19 février 1880 favorise, dans d'énormes proportions, la concurrence que les produits étrangers font à nos produits nationaux, sur nos propres marchés, et ce, sans que les consommateurs y trouvent le plus léger avantage.

La loi du 19 février 1880 fut imaginée par les adversaires des grandes Compagnies de Chemins de fer, que nous n'avons pas à défendre ici, et qui peut-être, antérieurement à cette époque, avaient mal compris leurs intérêts, plus étroitement unis qu'on ne le pensait alors, aux intérêts généraux du pays.

En 1880, on était encore en pleine période d'illusions. Il y avait 2 ou 3 ans à peine que le mirifique plan de M. de Freycinet était en voie d'exécution. Les plus-values budgétaires — plus-values plus ou moins réelles — semblaient devoir durer toujours, et justifier les prodigalités auxquelles on se livrait. Une nouvelle école d'économistes venait de surgir. Ses chefs et ses adeptes les plus brillants étaient, — après M. de Freycinet, qui ne fut peut-être qu'un metteur en scène, — MM. Allain-Targé, Paul Bert, Wilson, Pelletan, Lesguiller, Papon, etc., etc. Cette école d'économistes avait déclaré une guerre implacable aux monopoles, et le principal article de son *Credo* politico-économique, était l'exploitation par l'Etat, des chemins de fer d'abord, et ensuite des autres services de transports, terrestres et maritimes, puis des mines, en attendant les assurances de diverse nature !

On commença d'abord par — et contre — les chemins de fer. On menaça d'un rachat immédiat les Compagnies. On voulait, — c'était une généreuse idée, — les contraindre à réduire considérablement leurs tarifs, et on cherchait à assimiler, aussi complètement que possible les voies ferrées aux routes et chemins sur lesquels la circulation est gratuite. L'industrie des transports, soutenaient les économistes de la nouvelle école, ne devait donner aucun bénéfice, et c'était à peine s'ils considéraient comme licite, la rémunération, à un léger intérêt, des capitaux engagés par l'industrie privée pour construire nos grands réseaux.

Pour contraindre les Compagnies de chemins de fer à réduire leurs tarifs, on employa, coûte que coûte, tous les moyens possibles et imaginables. Un grand nombre des lignes du plan Freycinet n'avaient pas d'autre but que de faire concurrence à celles des six grandes Compagnies. Le rachat, la construction ou l'amélioration des voies navigables, rivières et canaux, fut surtout le grand moyen.

Les évaluations du plan Freycinet, pour l'établissement de nouveaux canaux et pour l'amélioration de ceux déjà existants s'élevèrent à *un milliard cent quatre vingt six millions 150 mille francs*, en chiffres ronds, sur lesquels, au 31 décembre 1887, il avait déjà été dépensé tout près de *300 millions.* D'autre part, les dépenses prévues pour l'amélioration du cours des fleuves et rivières navigables, Seine, Loire, Rhône, Meuse, Garonne, Saône, etc., etc., s'élevaient à *près de 400 millions*, sur lesquels plus de *180 millions* avaient été dépensés au 31 décembre dernier. Le mauvais état de nos finances a fort heureusement — à quelque chose malheur est bon — empêché de commencer un certain nombre de ces travaux, mais ceux en voie d'exécution devront être terminés et, de ce chef, soit pour les canaux, soit pour les fleuves et rivières, il faudra, en 1888, et pendant les deux ou trois autres années suivantes, dépenser près de 200 millions, ce qui portera à tout près de sept cent millions le coût des travaux entrepris d'après le plan de M. de Freycinet pour la construction ou l'amélioration des voies navigables destinées à faire concurrence aux lignes de chemins de fer. L'intérêt de cette somme, à 4 0/0 l'an, impose au budget une charge annuelle de près de 30 millions. D'autre part, l'entretien de ces voies coûte environ onze millions, en chiffres ronds. Cette somme, dont nous trouvons l'évaluation dans le rapport de M. Lesguiller sur le budget du ministère des Travaux Publics pour 1888 se décompose ainsi :

Navigation Intérieure :

Rivières — Entretien. 5.205.000
Canaux. — Entretien 5.575.000

Faisons observer, avec l'honorable rapporteur, que le traitement du personnel « gardes, éclusiers, etc., » n'est pas compris dans ces sommes, et qu'il est imputé sur un chapitre spécial. C'est donc, en résumé, une charge de quarante-cinq millions par an, *charge qui n'est compensée par aucune recette*, que l'Etat a assumée, dans le but de contraindre les Compagnies de Chemins de fer à réduire leurs tarifs.

Naturellement, le but que se proposaient les économistes en question a été atteint, en partie du moins, et les voies navigables ont détourné une importante partie du trafic des chemins de fer, mais comme l'Etat était déjà, et est devenu, plus étroitement, depuis 1883, le commanditaire et l'associé des grandes compagnies de chemins de fer, qu'en cette qualité, il doit suppléer à leur insuffisance de recettes, il en est résulté qu'outre les 28 ou 30 millions du service de l'intérêt annuel des sommes empruntées pour construire les voies navigables, il se trouve encore obligé d'avancer annuellement de nombreux millions aux compagnies pour payer leurs actionnaires et obligataires. Cette année la somme due de ce chef par l'Etat, atteindra près de 65 millions. C'est sans doute ce résultat inattendu qui faisait dire à M. Lesguiller, rapporteur du budget du ministère des travaux publics, « *qu'en matière de canaux, l'administration avait inauguré une politique économique très contestable. Elle voulait, en établissant des voies navigables parallèles aux chemins de fer, obliger les grandes Compagnies à abaisser leurs tarifs. Depuis, elle a reconnu qu'il y a des moyens moins couteux d'obtenir des tarifs réduits.*

» *Il est* ABSURDE *poursuit M. Lesguiller, d'établir deux voies de communication pour satisfaire les mêmes besoins, quand une seule suffit.* »

Les voies navigables parallèles aux chemins de fer, ne sont utiles, ajoute M. Lesguiller, que dans le cas où ces dernières sont encombrées, aussi, dit-il qu'une grande partie du plan primitif de M. de Freycinet doit être abandonné. Malheureusement, ajoute-t-il, beaucoup d'entreprises sont trop engagées pour pouvoir être abandonnées :

Et comme s'il eut voulu prouver jusqu'à quel point avait été ABSURDE la politique économique inaugurée par l'école dont il fut cependant l'un des maîtres, M. Lesguiller ajoute ce qui suit :

« *Les seuls canaux sur lesquels la question d'abandon semble pouvoir être posée sont ceux de la Marne à la Saône et de Montbéliard à la Haute-Saône.*

» *Sur le canal de la Marne à la Saône, les dépenses faites s'élèveront en fin d'exercice, à 50,200,000 fr. Il resterait à dépenser, d'après les évaluations primitives, 34,800,000 fr. L'ouverture du canal aura pour ré-*

sultat d'accroître notablement la garantie d'intérêt à payer à la Compagnie de l'Est.

» Cette Compagnie aurait certainement consenti à assurer au commerce les avantages qui résulteront de la construction du canal pour une annuité de beaucoup inférieure à l'intérêt du capital qui sera consacré à la nouvelle voie. La commission a cependant jugé que les travaux sont trop avancés pour pouvoir être arrêtés. Il est question d'un syndicat qui ferait à l'Etat une avance à rembourser sur les produits d'un droit de navigation à établir.

» Sur le canal de Montbéliard à la Haute-Saône, dont la dépense est évaluée à 35,000,000 fr., il n'aura été dépensé au 31 décembre 1888 que 7,800,000 fr. La commission avait d'abord voté la suppression du crédit de 250,000 fr., mais l'administration a fait observer que la suspension des travaux l'obligerait à allouer des indemnités considérables aux entrepreneurs. Le crédit a donc été maintenu sous la réserve qu'il y aura lieu de procéder à une liquidation des entreprises aux conditions les moins onéreuses possibles. »

Voilà donc jugée par l'un de ceux qui la préconisèrent avec le plus d'énergie, une politique économique dont nous allons énumérer quelques uns des résultats:

Nous commençons par déclarer que ce n'est nullement au point de vue du tort plus ou moins grand que les canaux font aux chemins de fer que nous voulons étudier la portée de l'amendement Versigny. Ce n'est point sous cette face—restreinte—que se présente le problème. La question est plus haute. Ce n'est point de la lutte entre deux industries rivales qu'il s'agit. Si le but que se proposaient les économistes dont nous avons parlé en commençant, avait été att.int ; si la gratuité de la navigation sur les canaux, fleuves et rivières avait eu pour résultat unique, ou tout au moins principal, une réduction des tarifs des Compagnies de chemins de fer, et que là se fussent arrêtées les conséquences de la loi de 1880, nous ne saurions trop approuver la généreuse initiative des législateurs mais tout autre ont été ces conséquences. Nous l'établirons par quelques chiffres empruntés aux statistiques officielles publiées par le ministère du Commerce ou par celui des Travaux Publics :

Nous n'ignorons pas que plusieurs Chambres de commerce ont protesté contre l'amendement Versigny, et demandé au ministre du commerce aussi bien qu'à celui des Travaux publics de le combattre, lorsqu'il viendra en discussion. A la rigueur, nous comprendrions les vœux des Chambres de commerce en faveur de la gratuité de la navigation sur les anciens canaux, qui servent souvent de jonction entre deux rivières par exemple ; sur les voies navigables de l'*intérieur*, si nous pouvons nous exprimer ainsi. D'ailleurs, sur la plupart de ces voies navigables on a, par suite d'un long usage, amorti complètement le capital de premier établissement, et elle ne grèvent plus le budget que des seuls frais d'entretien, qu'il serait cependant plus que juste de faire payer aux usagers, au lieu d'en demander le montant à des contribuables qui en ignorent l'existence, et ne s'en sont ni ne s'en serviront jamais directement ni indirectement. Mais quand il s'agit de voies navigables de *pénétration*, c'est-à-dire de fleuves ou de canaux qui servent de routes à l'étranger pour introduire chez nous ses produits, nous ne comprenons plus aussi bien ces protestations, surtout lorsqu'elles émanent des Chambres de commerce de Cette, du Havre ou de Marseille, villes maritimes dont tôt ou tard, l'important trafic disparaîtra par suite de la concurrence que leur font les ports *en rivière*.

Croit-on par exemple que si l'Etat n'avait pas dépensé 93 millions de francs, pour donner à la Seine de Rouen à Paris, trois mètres de tirant d'eau, les 656.855 tonnes de marchandises de toute nature, qui remontent ce fleuve, de Rouen à Paris et dont au moins la moitié passent devant les ports du Hâvre ou de Honfleur sans y transiter, comme autrefois, croit-on, disons-nous, que ces deux ports ne verraient pas augmenter leurs mouvements dans d'énormes proportions ? Et, détail curieux, pendant que l'Etat dépensait 93 millions pour enlever une partie du commerce de ces ports, il invitait leurs Chambres de Commerce à faire d'énormes sacrifices, auxquels il participait d'ailleurs pour une large part, dans le but d'en améliorer les entrées, de creuser de nouveaux bassins, d'élargir les quais, que l'on garnissait d'engins puissants de débarquement, comme on l'a fait pour Dieppe, le Hâvre et Honfleur, par exemple, en même temps que l'on dépensait quelques vingtaines de millions, et plus, pour améliorer l'estuaire de la Seine, de telle sorte qu'au lieu de s'arrêter au Hâvre, à Dieppe ou à Honfleur, les navires vont aujourd'hui tout droit à Rouen, où leur cargaison remonte par le fleuve, jusqu'à Paris.

Mais, puisque nous en sommes venus à parler des

dépenses faites pour améliorer la navigation de la Seine, entre Rouen et Paris, au grand préjudice du Hâvre, de Dieppe et de Honfleur, donnons quelques chiffres qui mieux que des colonnes et des volumes de raisonnements, démontreront le bien fondé de nos critiques.

Jadis, les tarifs de navigation, pour les charbons anglais, de Rouen à Paris, étaient de 4 fr. 50 la tonne. Depuis que grâce aux 93 millions que l'on a dépensés, le tirant d'eau est de 3 mètres, les tarifs de la batellerie ne sont plus que de 2.50, soit 2 fr. de réduction. **Or,** le droit de douane, pour ces charbons, est de 1 fr. 20 la tonne. L'Etat a donc dépensé 93 millions **pour** arriver, en fin de compte, à faire gagner 2 fr. par tonne aux houilles anglaises, c'est-à-dire qu'en réalité, il leur restitue le droit de douane, plus une prime **de** 0 fr. 80 centimes pour chaque tonne de houille apportée en France !

Et pendant qu'il favorise ainsi la concurrence que les charbons anglais font à notre industrie minière, si compromise, l'Etat accorde des subventions de 50.000 fr. pour les ouvriers mineurs de Bessèges, sans travail, parce que la Compagnie, ruinée par la concurrence étrangère, s'est mise en liquidation !

Un an ou deux avant le vote des conventions de 1883, nous assistions à une séance de la Chambre des députés, au cours de laquelle l'honorable M. Allain-Targé, fulmina les plus énergiques anathèmes contre les Compagnies de chemins de fer, qui, disait-il, favorisaient le commerce étranger aux dépens de nos industries nationales, grâce aux tarifs réduits, aux tarifs de *pénétration*, accordés par elles aux marchandises étrangères. Nous ne savons pas s'il est vrai, comme on l'a dit, que nos compagnies de chemins de fer, subventionnées par l'Etat, accordent des tarifs de faveur, des tarifs de « *pénétration* », aux expéditions étrangères, mais il nous semble que le fait d'avoir supprimé tout droit de navigation sur celles de nos voies fluviales qui ont leur embouchure à la mer, et d'avoir ainsi facilité la pénétration des produits étrangers, il nous semble, disons-nous, que ce fait là mériterait bien aussi les sévères admonestations de M. Allain-Targé.

Mais, revenons à nos chiffres :

Le tonnage brut entre Rouen et Paris, c'est-à-dire à la remonte a été en 1886 de 656,855 tonnes, dont on peut affirmer que les produits *étrangers*, houilles anglaises, vins d'Italie et d'Espagne, blés, céréales et produits agricoles, forment plus des deux tiers 1/2. A la descente, le tonnage, entre Paris et Rouen, n'est que de 276,247 tonnes, c'est-à-dire que les 93 millions dépensés par l'Etat français ont puissamment aidé la pénétration en France de près de 500,000 tonnes de produits étrangers, alors qu'en retour, nous n'en avons exporté qu'un tiers, et même pas, car la statistique officielle, où nous prenons ces chiffres, nous indique qu'à la descente, entre Rouen et le Hâvre, le trafic n'a été que de 48,770 tonnes ; ce qui revient à dire que contre plus de 500,000 tonnes de produits étrangers dont nous avons, à grands frais, favorisé la pénétration en France par cette voie, nous n'en avons envoyé des nôtres que 48,770 tonnes ?

Ces chiffres ont-ils besoin de longs commentaires ?

Les produits agricoles et denrées comestibles, figurent dans les chiffres ci-dessus, pour 443,649 tonnes, entre Rouen et Paris. Le prix de transport est en moyenne, de 5 à 6 fr. par tonne, mais il s'abaisse souvent jusqu'à 3 ou 4 fr., tandis que par le chemin de fer, il est de 8,50. L'on se souvient que l'an dernier, le Parlement, voulant donner à notre agriculture une preuve de sa sollicitude, vota sur les blés de provenance étrangère, une surtaxe de 5 fr. par 100 kilos. Une surtaxe de 3 fr., 2 fr. et 1 fr. 50 fut également votée sur les autres céréales, orges, avoines, seigles etc., etc. On s'accorda généralement, dans le monde agricole, pour trouver la surtaxe insuffisante, surtout pour les blés d'Amérique. Par le fait, elle est insignifiante, surtout si l'on réfléchit à la réduction continuelle des tarifs de navigation.

En effet, tandis que le cultivateur des plaines du Lieuvin, du Neubourg, de la Normandie et de la Beauce paie 6 ou 7 fr. la tonne, voire même plus, pour amener son blé sur le marché de Paris, les blés d'Amérique, débarqués à Rouen, remontent la Seine grevés seulement de 3 ou 4 fr. par tonne. Dans ces conditions, le droit protecteur se trouve donc notablement réduit.

Sur un tonnage brut de 656,855 tonnes entre Rouen et Paris, nous avons dit que les produits agricoles, vins, céréales, etc., comptaient en 1886, pour 443,649 tonnes. Or, nous ne sommes pour ainsi dire qu'aux débuts de l'invasion des produits étrangers, et chaque année, ces chiffres augmenteront. En 1882, sur 508,380 tonnes, les produits agricoles ne figurèront que pour 260,548 tonnes. C'est donc, en quatre années, une augmentation de presque moitié.

Faisons encore remarquer que la statistique officielle à laquelle nous empruntons ces chiffres a été dressée avant la mise en service du canal de Tancarville qui, par les avantages qu'il offre à la navigation, augmentera, dans de considérables proportions, le mouvement du port de Rouen, et par suite la pénétration des produits étrangers. Si notre mémoire est fidèle, ce canal a coûté près de 25 millions.

Si de la Seine nous passons au Rhône, nous pourrons encore constater que par cette voie, les denrées étrangères et plus principalement les blés d'Orient, du Danube et de la mer Noire, trouvent toutes facilités pour venir dans le Midi, concurrencer les nôtres, grâce aux prix insignifiants du frêt.

Il est fort difficile, si non à peu près impossible, d'évaluer exactement le tonnage de la navigation sur le Rhône, à la remonte, de la mer à Arles et jusqu'à Lyon. Les statistiques sont mal tenues et [même existent à peine. Il semblerait que, honteuse de son œuvre, l'administration n'ose en constater officiellement les résultats. On peut cependant affirmer que la pénétration des marchandises étrangères par cette voie est d'au moins 100,000 tonnes par an, dont 80,000 environ en blés et céréales frappés par la surtaxe protectionniste votée l'an dernier ; mais le bas prix du frêt, conséquence de la suppression des droits de navigation, réduit dans de notables proportions cette surtaxe protectionniste, de telle sorte que les blés de la mer Noire et du Danube, dont l'arrivage est si important à Marseille et à St-Louis du Rhône viennent jusqu'à Lyon sans plus de frais que les blés de la Bresse et des Dombes. Or, de St-Louis à Lyon, il y a 327 kilomètres, tandis que de Bourg à Lyon, la distance n'est que de 75 kilomètres !

Il est donc indiscutable qu'en votant l'an dernier, une surtaxe sur les blés étrangers, pour protéger notre agriculture, la Chambre a perdu son temps. Il eut été beaucoup plus simple de rapporter purement et simplement la loi de 1880 sur la gratuité de la navigation intérieure. La mesure eut été moins impopulaire et tout aussi efficace.

Si le tonnage sur le Rhône est quatre ou cinq fois moindre que sur la Seine, la cause en est aux variations fréquentes que présente l'état de ce beau fleuve ; les sécheresses persistantes, ou les crues subites, jointes à la rapidité de son cours, ont rendu à peu près vaines les tentatives faites à grands frais par les économistes de l'école dont nous avons parlé en commençant, pour en améliorer la navigation. Les dépenses faites, de 1878 à 1882, pour approfondir le chenal du Rhône n'ont pas été inférieures à 35 ou 40 millions, et si notre mémoire est fidèle, il nous semble bien que cette dépense coïncida avec certaine entreprise dénommée Compagnie du chemin de fer et de la navigation *d'A-lais au Rhône et à la Méditerranée* et par abréviation, Compagnie du chemin de fer et de la navigation **A.-R.-M.** Ces trois majuscules faisaient presque aussi grand effet que celles bien connues **P.-L.-M.** *L'affaire* — et c'est à dessein que nous soulignons le mot, — l'affaire était soit disant destinée à forcer la Compagnie de **P.-L.-M.** à réduire ses tarifs. Elle fut hautement encouragée. On se souvient qu'elle avait pour président du Conseil d'administration, un Sénateur qui avait été ou qui fut ministre, puis *Premier* de la Cour de cassation. On sait aussi comment l'aventure s'est terminée. Les récentes révélations du syndic de la faillite autorisent à croire que cette anecdote financière restera comme l'une des plus véreuses de notre époque, qui en a vu de tant de sortes, cependant. Et bien, même après les Conventions de 1883, même après le lamentable avortement du plan Freycinet, et alors que l'on pouvait déjà constater combien désastreuses en seraient les conséquences, on eut un moment l'idée de racheter et la ligne d'Alais au Rhône, et de mettre à exécution ses projets de navigation par bateaux-écluses (?) On songeait encore, de gaieté de cœur, à aventurer et même à perdre une cinquantaine de millions, pour faire concurrence à la Compagnie du chemin de fer de Paris à Lyon et à la Méditerranée !

Si nous ne nous étions formellement interdit de sortir du cadre restreint que nous nous sommes tracé, et si, surtout, nous n'étions absolument décidé à nous abstenir de toute incursion sur le terrain politique et sur celui des personnalités, nous aurions à rechercher ici quelles purent bien être les motifs de la guerre que l'école d'économistes dont nous venons d'examiner sommairement les doctrines et d'exposer un peu plus longuement les résultats, avait déclarée aux grandes Compagnies de chemins de fer, mais cette recherche nous conduirait trop loin. Il faut nous contenter d'affirmer que cette campagne, faite avec l'argent de tous, contre l'intérêt général, bien plus encore que contre les intérêts de ces vastes associations, constitue une des plus singulières aberrations économiques qui se soient produites depuis longtemps. En cherchant à ruiner les Compagnies de chemins de fer, l'État se faisait à lui-même un tort considérable, il risquait de diminuer, dans d'énormes proportions, la valeur d'une propriété dont il est, en somme, le nu-propriétaire, et qui, bien qu'il n'en dût jouir complètement que beaucoup plus tard, lui rapportait cependant chaque année des bénéfices considérables.

Les néo-économistes qui ont imaginé la gratuité de la navigation sur les voies fluviales, ce qui nous a fait dépenser des centaines de millions pour faire de la navigation intérieure une terrible arme de guerre contre les chemins de fer, ces économistes ne manquent jamais de répliquer, quand on leur reproche leur conduite, que l'État a dépensé d'aussi, et même de plus fortes sommes, sous forme de subventions, etc., etc., pour l'établissement du premier et du second réseau de nos voies ferrées. C'est très vrai, mais nous répondrons que les sacrifices, qu'à différentes époques, l'État s'est imposés, qu'il s'impose encore aujourd'hui lui sont amplement payés, à gros intérêts même, car les Compagnies de chemins de fer sont aujourd'hui le plus important des contribuables. En impôts de toute nature, timbres de lettres de voiture, impôt sur la grande vitesse, récépissés, etc., etc., elles paient annuellement à l'État bien près de 175,000,000 de francs si ce n'est 180,000,000. D'autre part, les économies réalisées par l'État sur le transport des postes, des fonctionnaires, soldats, matériel de guerre, prisonniers, etc., grâce aux tarifs réduits qui lui sont accordés, s'élèvent à près de 105 millions par an. C'est donc un total d'environ 275 millions de francs que bon an, mal an, l'État retire de l'exploitation des chemins de fer. S'il y avait seulement en France une douzaine de contribuables de cette espèce, ils fourniraient, à eux seuls, le total du budget.

Or, à 5 0/0 ces 275 millions représentent l'intérêt d'un capital de cinq milliards et demi. La part contributive de l'État dans la construction des réseaux exploités par les six grandes compagnies, atteint à peine la moitié de cette somme. Les subventions de l'État en argent ou en travaux, pour la création de l'ensemble de notre réseau de voies ferrées, lui rapportent donc déjà un intérêt de plus de 12 0/0, alors que lui, ne paie l'intérêt de ces sommes qu'à 5, 4 et même 3 0/0. En résumé, la part de l'État est celle du lion, et celle qu'il s'attribue annuellement sur les recettes brutes est supérieure à celle des actionnaires!

En cherchant à faire tort aux chemins de fer et diminuer les recettes des grandes Compagnies, on voit donc que l'État travaillait à réduire ses propres recettes. Or, comme l'État dépense toujours autant, et souvent même plus qu'il reçoit, il s'en est fatalement suivi que pour combler le déficit de ses rentrées, il a dû recourir soit à des emprunts, soit à des impôts nouveaux pour gager ses emprunts.

Mais arrêtons là cette digression et revenons-en aux conséquences de la loi de 1880, établissant la gratuité de circulation sur les voies navigables de l'intérieur.

En 1886, l'Espagne, l'Italie, et en un mot, l'ensemble des pays baignés par la Méditerranée ont introduit à Paris, *par Rouen et la Seine*, 201,000 tonnes de vins, alors qu'il n'en est venu par Cette et Marseille que 47,000 tonnes! La Compagnie de P.-L.-M, a eu beau

réduire dans des proportions considérables, ses tarifs
de transports, la lutte.lui est impossible, à cause préci-
sément de la suppression de tout droit de navigation
sur les fleuves, rivières et canaux navigables. Et,
détail curieux, lorsque la Compagnie d'Orléans, pour
essayer de lutter contre la concurrence de la navigation intérieure, a voulu abaisser ses tarifs pour les
vins d'Espagne, de Bordeaux à Paris, comme le faisait
ou comme voulait le faire la Compagnie de P.-L.-M.,
beaucoup de Chambres de Commerce du Midi ont jeté
les hauts cris. On eut dit que ces honorables assemblées
étaient heureuses de voir leurs villes cesser d'être les
grands entrepôts des vins.

Il nous reste à rechercher maintenant si la suppression des droits de navigation sur les fleuves, rivières
et canaux a profité au plus grand nombre, à la masse
des consommateurs, si, en un mot, cette mesure a
réellement été une mesure d'intérêt général.

Il faudrait, pour le croire, être pourvu d'une dose peu
commune de naïveté. La gratuité de la navigation sur les
fleuves, rivières et canaux a été une excellente au-
baine pour les entrepreneurs de batellerie qui, depuis
1880, font d'excellentes affaires ; mais la plus large
part du bénéfice a certainement été pour le cabotage,
qui a pris une extension considérable, et fait sur nos
côtes de véritables voyages au *long cours*. Ces vins
d'Espagne et d'Italie qui arrivent aujourd'hui jusqu'à
Rouen, sur des navires étrangers, débarquaient autrefois à Cette, à La Nouvelle, à Marseille, Bordeaux, etc.
et leur transport aux centres de consommation,
et principalement sur Paris, donnait à nos chemins

de fer une recette sérieuse. Aujourd'hui, le caboteur espagnol, italien ou anglais, voire même allemand, les apporte presque jusqu'aux portes de Paris, à 150 ou 200 kilomètres seulement, et alors que le fret, pour la batellerie en Seine jusqu'à Paris, ou sur le Rhône jusqu'à Lyon, est de 3 ou 4 fr. la tonne, le caboteur étranger garde 35 ou 40 fr. Antérieurement, et alors qu'il abordait à Cette, à la Nouvelle, à Marseille ou à Bordeaux, les proportions étaient renversées. Il y avait 35 ou 40 fr. pour les entreprises françaises de transport, et seulement 8 ou 10 fr. pour le caboteur étranger. Quant aux consommateurs, ils n'ont absolument rien gagné à cette mesure, le prix des marchandises transportées à bas tarifs, grâce aux énormes dépenses faites par l'Etat pour créer des voies navigables ou améliorer celles qui existaient déjà, n'a pas diminué d'un centime, au contraire. Ce qui n'est pas resté dans la poche du producteur ou du transporteur étranger, a bénéficié à l'intermédiaire, et le consommateur doit se contenter de payer l'intérêt des énormes sommes dépensées pour faciliter les opérations que nous venons de résumer.

Si la Seine est la plus importante des voies de pénétration pour les charbons anglais, blés d'Amérique, vins d'Espagne et d'Italie, les canaux et rivières canalisées du Nord ne facilitent pas moins la concurrence que les charbons belges des bassins de Mons et de Charleroi font à nos houilles du Nord et du Pas-de-Calais.

La Sambre canalisée, qui passe de Belgique en France, entre Erquelines (Belgique) et Jeumont (France), prend les charbons des bassins de Charleroi,

de la basse Meuse et de Liège, et les apporte jusqu'à
Paris, par le canal de la Sambre à l'Oise, l'Oise et la
Seine. Par suite de la suppression des droits de navigation, le fret, qui était de 9,50 à 10 francs, c'est-à-dire
égal, sinon supérieur aux tarifs du chemin de fer du
Nord, a été abaissé jusqu'à 7 et 8. Ce dernier chiffre est
le prix maximum. Or, comme nous l'avons dit plus
haut, le droit de douane étant de 1 fr. 20, la loi de
1880 a donc eu pour résultat immédiat la restitution,
en faveur du producteur étranger, du droit de douane.

La même observation doit être faite pour le canal de
Mons à Condé. C'est par cette voie que pénètrent en
France, toujours avec restitution du droit de douane,
les charbons du bassin de Mons. Le tonnage de
ces deux voies navigables s'élève, pour les charbons
belges des bassins de Charleroi, de Mons, de Liège et
de la Meuse, à tout près de 400,000 tonnes, et c'est à
peine si elles transportent 200,000 tonnes de charbons
français pris sur leur parcours en France. Faut-il répé-
ter que les deux francs ou deux francs cinquante d'écart
entre les tarifs de la Batellerie — qui n'a pas à s'oc-
cuper des frais d'entretien des voies dont elle se sert,
puisque cet entretien est à la charge des contribuables
français — n'ont en rien profité aux consommateurs,
mais uniquement aux actionnaires des Houillières
Belges. N'oublions pas de faire remarquer que sur la
partie belge des canaux du Nord, la batellerie paie un
droit de circulation. Les Belges, il est vrai, n'ont pas
eu le bonheur d'avoir un plan Freycinet.

Sur notre frontière de l'Est, existent pareillement de
nombreuses voies de pénétration. Le canal de l'Est,

qui met en communication la Meuse et la Saône, sert
de chemin aux produits allemands et belges pour
entrer presque gratuitement en France. La canalisation
de la Meuse et le canal de la Moselle à la Saône ont
coûté, à ce jour, 96 MILLIONS 800,000 fr. Par suite des
améliorations récentes et de la suppression des droits
de navigation, le fret, de Charleroi à Verdun, a diminué de 2 fr. et même de 2,50. C'est toujours la remise
du droit de douane, comme prime à la pénétration des
charbons étrangers.

Ce que nous venons de dire à propos des canaux,
fleuves et rivières navigables, voies de pénétration lar-
gement ouvertes aux dépens des contribuables français
et qui servent surtout à l'étranger pour envahir nos marchés et venir concurrencer nos produits, si surchargés
d'impôts de toute nature, peut et doit également s'ap-
pliquer aux tarifs du réseau des chemins de fer de l'Etat.

On connaît trop la genèse de ce réseau et les critiques
unanimes dont il est l'objet pour que nous insistions.
Cette aventure économique et financière est le pendant
du système de circulation sur les voies navigables,
maginé presque en même temps. Qu'il nous suffise de
rappeler que ce réseau revient aujourd'hui à près d'un
milliard (973 millions), que les frais d'exploitation annuelle sont, pour 1888, estimés à 28 millions, en chiffres ronds, et les recettes brutes à 30 millions, soit un
bénéfice apparent de 2 millions ou 2 millions et demi.
Seulement, il faut, pour compléter ces chiffres, faire
entrer en compte l'intérêt du capital de premier établissement qui est, comme nous venons de le dire, de
973 millions. Le déficit annuel est donc de 40 à 45

millions. Or, avec de tels chiffres, l'Etat n'a rien trouvé
de mieux que d'abaisser de 24 0/0 au-dessous de ceux
des autres compagnies les tarifs de son propre réseau.
Le résultat a été à peu près le même que pour les canaux ou voies navigables de pénétration. De suite, les
blés, charbons et autres denrées étrangères ont afflué
dans les ports de Rochefort, Tonnay-Charente, La Rochelle et Les Sables. Leurs entrées ont augmenté de
plus de cent cinquante pour cent, alors que les entrées
des autres ports ne progressent que dans une propor-
tion dix ou douze fois moindre et, grâce aux tarifs de
pénétration de ce réseau, les charbons anglais et les
blés étrangers arrivent dans le Sud-Ouest et y con-
currencent nos produits français.

Ainsi donc, à l'Ouest par la Seine, au Nord par les
canaux de la Sambre, de Mons à Condé, etc., à l'Est
par celui de la Meuse et de la Moselle, au Midi par le
Rhône et les canaux qui en dérivent, au Sud-Ouest par
le réseau de l'Etat, les pseudo-économistes qui ont imaginé le plan Freycinet dont le réseau de l'Etat et la loi de
1880, établissant la gratuité de circulation sur les voies
navigables sont les points saillants, ont ouvert, aux flancs
de la France, des routes qui, en facilitant la concurrence
de l'agriculture et des industries étrangères, servent
grandement au drainage de nos capitaux. Cette œuvre
a coûté, tant pour le réseau d'Etat que pour le rachat,
la création ou l'amélioration des voies navigables, bien
près de deux milliards, plus peut-être. Nous avons dit
quelles avaient été les conséquences de cette œuvre.
Cette démonstration a été faite déjà, et avec plus de
compétence que nous n'avons su la renouveler.

Nous n'avons pas à défendre ici, répétons-le, les

intérêts des Compagnies de chemins de fer. Il ne s'agit point, comme nous l'avons dit, de la concurrence que se font deux industries rivales. Si ce n'était que cela, il faudrait les laisser se débattre, en ayant soin, cependant de veiller à ce que l'Etat n'aide pas l'une à écraser l'autre, car l'Etat doit à tous égale protection ou égale indifférence. Mais le cas est tout autre, c'est l'Etat qui prend l'argent de tous pour favoriser quelques-uns. C'est l'Etat qui pressure les contribuables français pour favoriser la concurrence que les produits étrangers font à ces mêmes contribuables. C'est l'Etat qui sacrifie des intérêts qui sont les siens, c'est-à-dire ceux de tout le monde.

Nous venons de parler de l'égale protection qui est le devoir de l'Etat à l'égard de toutes nos industries. Or, à ne considérer les entreprises de chemins de fer, que comme des entreprises d'intérêt privé, des sociétés purement commerciales, ce qui est aux trois quarts vrai, l'Etat, en déchargeant de tous droits la navigation intérieure, l'Etat a manqué au premier et au plus élémentaire de ses devoirs. C'est ce que faisait implicitement remarquer l'éminent directeur de la Compagnie des Chemins de fer de Paris à Lyon et à la Méditerranée, M. Noblemaire, au congrès des Agriculteurs de France, lorsqu'il disait :

« Alors que les chemins de fer ont à établir d'abord à grands frais leur voie, puis à l'entretenir, alors que la navigation maritime contribue, par des taxes diverses, à payer l'aménagement des ports et le développement de leur outillage, la navigation intérieure n'a d'autre charge que ses frais de traction ; elle exploite un instrument de transport établi ou perfectionné, en tout cas entretenu, aux frais de l'Etat ; elle a vu diminuer progressivement, jusqu'à une suppression complète, les droits qui devraient, sinon rémunérer le capital consacré à l'amélioration des rivières et à la construction des canaux, tout au moins couvrir les frais annuels de leur entretien et de leur surveillance. La conséquence est, sur tous les points du territoire, le double fait de l'accroissement du tonnage transporté par la navigation intérieure, et de la décroissance des transports confiés aux chemins de fer ; en dernière analyse, un accroissement continu des sommes que ces derniers empruntent presque tous chaque année à l'Etat, à titre de garantie d'intérêts.

Nous ne pouvons que nous borner à vous signaler cette situation qui est bien de nature, croyons-nous, à appeler l'attention des pouvoirs publics.

« Dans ces conditions, la navigation intérieure est l'instrument par excellence de la pénétration des produits étrangers dans notre pays. C'est à elle que les vins étrangers, que les blés d'Amérique et de l'Inde doivent de venir à Paris, à Lyon, sur toute l'étendue pour ainsi dire de notre territoire, concurrencer les blés indigènes et paralyser l'agriculture française, obligée, pour se défendre, de solliciter du Parlement, les mesures si discutées qui ont fait l'objet de la loi du 27 mars dernier. Et, par une singulière contradiction, c'est aux Compagnies de chemins de fer qu'on adresse le reproche de faire des tarifs de pénétration qui annulent l'effet de la législation douanière, alors qu'elles ne font qu'essayer, avec des prix forcément supérieurs, de ressaisir une partie de ce mouvement spécial. »

Nous sommes heureux de constater qu'il s'est produit dans la presse des départements, aussi bien que dans la presse politique et économique de Paris, un assez vif mouvement d'opinion, soit en faveur de l'amendement Versigny, soit surtout contre l'exploitation par l'Etat d'un réseau de Chemins de fer. On commence à comprendre que la situation gênée de nos finances a pour cause les expériences économiques commencées et 1878, et l'on se dit, non sans grande raison, que le meilleur moyen d'arrêter les dépenses et de rétablir l'équilibre dans nos budgets, ce serait, en premier lieu, de cesser ces expériences coûteuses. On a calculé que de l'adoption de l'amendement Versigny, résulterait une recette d'au moins 18,000,000 de francs par an, juste de quoi payer les frais d'entretien et le personnel des voies navigables. Dans la situation actuelle de nos finances, une recette de 18,000,000, n'ayant d'ailleurs nullement le caractère d'un impôt nouveau, et ne frappant qu'un petit nombre d'usagers, une telle ressource, dirons-nous, n'est certainement pas à dédaigner. Nous ne demandons pas que l'on écrase la batellerie. C'est une industrie qui a sa raison d'être, mais il est plus que juste, on ne saurait le nier, que comme toutes les autres industries, elle paie au moins la location de l'outil dont elle se sert. D'autre part, en relevant de 24 0/0 les tarifs du réseau des Chemins de fer de l'Etat, c'est-à-dire en les mettant au niveau des tarifs des autres Compagnies, on obtiendrait sur ce réseau une augmentation de recettes d'environ cinq millions, ce qui n'est pas non plus à dédaigner. Il suffit, pour cela, d'une simple décision du ministre des Travaux publics.

Les faveurs donc jouissent, aux dépens du reste de leurs concitoyens, les habitants des régions desservies par le réseau des chemins de fer de l'Etat constituent, on en conviendra, une singulière contradiction avec les principes d'égalité en honneur dans une démocratie. Le contribuable du Nord, celui des Alpes-Maritimes, des Vosges ou des Pyrénées-Orientales qui voit que son frère devant l'impôt, le contribuable des Charentes ou de la Vendée voyage à 24 0/0 meilleur marché que lui, a bien le droit de se demander le pourquoi de cette inégalité, dont il paye les frais. Si la mesure est juste et bonne à la Rochelle, à Saintes ou à Rochefort, pourquoi ne pas la rendre générale, et obliger les autres compagnies à abaisser proportionnellement leur tarif de grande vitesse ? On nous répondra fort justement que si l'on s'avisait de leur imposer cette réduction de 24 0/0, c'est 24 0/0 que l'Etat aurait à ajouter au total de la garantie d'intérêt, et que d'autre part, l'Etat, vu la situation actuelle de nos finances, ne peut songer à supprimer, voir même à réduire l'impôt sur la grande vitesse, impôt qui est de 23 0/0. Fort bien, mais alors nous revenons à notre question. Pourquoi cette inégalité, pourquoi accorder une faveur aux habitants d'une région et la refuser à ceux d'une autre ? Est-ce une récompense politique ? On ne saurait le dire, car il paraîtrait incroyable que les électeurs de M. Cunéo d'Ornano fussent mieux traités que ceux de MM. Jules Ferry ou Floquet.

Nous voulons espérer que cette année, au cours de la discussion du budget pour 1889, on parlera plus longuement de ces choses, et que nos Députés auront à cœur de réparer des erreurs économiques dont chacun peut aujourd'hui apprécier les conséquences.

FIN

LA NATIONALE

Compagnie d'Assurances sur la Vie

AUTORISÉE PAR ORDONNANCES EN DATE DES 23 MAI 1830,
20 AVRIL 1838 ET 1ᵉʳ AOUT 1841

Etablie à Paris, rue de Grammont & rue du 4-Septembre, 18

Analyse du Rapport présenté à l'Assemblée générale des Actionnaires, le 31 Mars dernier, par M. G. Grimperel, Directeur de la Compagnie :

Pendant l'année 1887, le nombre total des contrats souscrits a été de *quatre mille quatre-vingt-seize*. Le montant des capitaux assurés s'élève à *quarante-trois millions cinq cent un mille sept cent quatre-vingts francs*.

Le montant des rentes constituées, y compris les *rentes de survie* et les *rentes différées*, s'élève à 850.647.95 fr. de rente.

L'ensemble des sommes encaissées par la Compagnie, à titre tant de capitaux reçus que de prime pour la première année des contrats nouveaux, a atteint *dix millions neuf cent* soixante mille six cent soixante-dix-huit francs.

Tels sont les résultats d'ensemble de l'exercice 1887, dont le rapport énumère le détail.

Ces résultats, qui dénotent la confiance dont jouit la *Nationale*, sont cependant notablement inférieurs à ceux du précédent exercice. En 1886, les résultats d'ensemble donnaient un chiffre d'environ 48.000.000 de capitaux assurés. Cette diminution de cinq millions, en chiffres ronds, a eu pour cause la crise qui sévit encore fortement sur le pays, et qui affecte plus spécialement le commerce et l'industrie.

Les risques en cours au 31 décembre 1887 se résument comme suit :

    Capitaux assurés. 578.985.535 65
    Rentes assurées 10.016.650 12

et les opérations de la Compagnie, depuis son origine jusqu'au 31 décembre dernier, ont porté sur :

    Fr. 1.178.622.348 de capitaux assurés.
    Fr.   25.518.731 de rentes constituées.

Pour l'année 1887, les recettes au 31 décembre se sont élevées à 41.383.991 fr. 29 et les dépenses arrêtées à la même date ont atteint 35.195.980 fr. 70. L'excédent de recettes sur les dépenses est donc de six millions cent quatre-vingt-sept mille huit cent dix francs.

Citons encore quelques chiffres de ce rapport :

L'ensemble des valeurs servant de garantie aux actionnaires, s'élève à 152.400 fr. de rente française.

D'autre part, l'actif total de la Compagnie, tant en espèces en caisse, fonds publics et obligations de chemins de fer, dépôts de cautionnements à l'étranger, en immeubles, avances sur polices d'assurances, et fonds social de la Compagnie, le tout formant la garantie des assurés, s'élève à *deux cent soixante-huit millions* 013.472 francs.

Nous ferons remarquer que l'estimation de cet actif est faite d'après les prix d'achat des immeubles et des divers titres et valeurs en portefeuille, achat fait à des prix bien inférieurs à leur valeur actuelle, de telle sorte que, loin de donner des mécomptes, une réalisation, *hic et nunc*, donnerait certainement une plus-value d'au moins 15 0/0.

Le chapitre des réserves, dans les Compagnies d'assurances, est de beaucoup le plus important. C'est par lui que l'on doit juger de la sécurité qu'offre la Compagnie, c'est par le chiffre des réserves que l'on voit si, quoi qu'il arrive, la Compagnie sera en mesure de faire toujours face à ses engagements. Or, à la *Nationale (Vie)* les réserves ou ressources nécessaires pour garantir cette exécution, payer les capitaux assurés, servir les rentes en cours, autrement dit les réserves mathématiques, s'élèvent ensemble à la somme de 221.530.126 fr.

A côté de ces revenus mathématiques, la vigilance des administrateurs a établi les réserves ci-après :

1° Réserve statutaire, en augmentation du capital, cette réserve, qui s'accroît chaque année, est de 8.913.000 fr.

2° Réserve pour certaines éventualités, 3.547.908 fr.

3° Réserve pour l'amortissement ou l'entretien des immeubles. Elle s'élève à 7.051.686 fr.

4° Réserves supplémentaires, ou réserves des réserves, 6 millions 195.338 fr. Ce qui fait un total de réserves en sus, de *vingt-six millions quarante-quatre mille sept cent trente-huit francs.*

On voit par ces chiffres, que tout a été prévu, et de reste, ce que nulle part on ne peut trouver, des garanties plus sérieuses qu'à la *Nationale (Vie)*.

Montdidier (Somme). — Imp. Hourdequin-Deschaux.